BEI GRIN MACHT SICH IHR WISSEN BEZAHLT

- Wir veröffentlichen Ihre Hausarbeit, Bachelor- und Masterarbeit

- Ihr eigenes eBook und Buch - weltweit in allen wichtigen Shops

- Verdienen Sie an jedem Verkauf

Jetzt bei www.GRIN.com hochladen und kostenlos publizieren

Bibliografische Information der Deutschen Nationalbibliothek:

Die Deutsche Bibliothek verzeichnet diese Publikation in der Deutschen National-
bibliografie; detaillierte bibliografische Daten sind im Internet über http://dnb.d-
nb.de/ abrufbar.

Impressum:

Copyright © 2013 GRIN Verlag, Open Publishing GmbH
Druck und Bindung: Books on Demand GmbH, Norderstedt Germany
ISBN: 9783668296473

Dieses Buch bei GRIN:

http://www.grin.com/de/e-book/339721/umsetzung-der-ilb-methode-diagnose-und-
trainingsplanung-fuer-einen-trainingsbeginner

Nathalie Peter

Umsetzung der ILB-Methode. Diagnose und Trainingsplanung für einen Trainingsbeginner

Trainingslehre I

GRIN Verlag

GRIN - Your knowledge has value

Der GRIN Verlag publiziert seit 1998 wissenschaftliche Arbeiten von Studenten, Hochschullehrern und anderen Akademikern als eBook und gedrucktes Buch. Die Verlagswebsite www.grin.com ist die ideale Plattform zur Veröffentlichung von Hausarbeiten, Abschlussarbeiten, wissenschaftlichen Aufsätzen, Dissertationen und Fachbüchern.

Besuchen Sie uns im Internet:

http://www.grin.com/

http://www.facebook.com/grincom

http://www.twitter.com/grin_com

Deutsche Hochschule für

Prävention und Gesundheitsmanagement

Hermann Neuberger Sportschule 3

66123 Saarbrücken

Einsendeaufgabe

Fachmodul: Trainingslehre I

Studiengang: Bachelor of Arts „Fitnessökonomie"

Version Studienbrief: Februar 2013, rev.09.009.000

(Datum des Vorwortes, Versionsnummer in Fußzeile des Studienbriefes)

Name, Vorname: Peter, Nathalie

Studienort: Stuttgart 2. Klasse

Semester: WS 2013

Inhaltsverzeichnis

1. Diagnose

Auf den folgenden Seiten wird ein individueller Trainingsplan für Frau P. erstellt und im Detail die einzelnen Vorgehensweisen begründet. Frau P. ist Trainingsbeginner und hat noch keinerlei Erfahrung im Bereich des gerätegestützten Krafttrainings. Zu Beginn werden allgemeine und biometrische Daten von ihr erhoben.

Tab. 1: Diagnosedaten der Erstanamnese

Allgemeine und biometrische Daten	*Anthropometrische Daten* Geschlecht: weiblich Alter: 23 Berufliche Tätigkeit: Studentin Körpergröße: 160 cm Körpergewicht: 48 kg Körperfettanteil gesamt: 21% Body-Mass-Index:18,8 *Internistische Gesundheitsdaten* Blutdruck: 125/78 mmHg Ruheherzfrequenz: 60 Schläge/Minute
Trainingsmotive/Wünsche	- Muskelaufbau - Kraftsteigerung für den Alltag - Präventivmaßnahme gegen Verspannungsschmerz im Schultergürtelbereich
Zeitliche Rahmenbedingungen	Die beabsichtigte Trainingshäufigkeit liegt bei 3 Trainingseinheiten pro Woche à 60 Minuten
Sportliche Aktivität	*Frühere sportliche Aktivitäten* Gelegentlich Joggen *Aktuelle sportliche Aktivitäten* Karnevalistischer Tanzsport seit 17 Jahren (Garde- und Showtanz)

Mit Hilfe eines elektrischen Messgeräts zur Blutdruckmessung wurde im Rahmen der Anamnese der Blutdruck erfasst. Dieser entsprach zum Messzeitpunkt 125/78 mmHg. Die Wertung des Blutdrucks erfolgt mittels folgender Klassifikation.

Tab. 2: Blutdruckklassifikation der American Heart Association

Wertung	Systolischer Blutdruck	Diastolischer Blutdruck
Normblutdruck (Normotonie)		
optimal	unter 120 mmHg	unter 80 mmHg
normal	unter 130 mmHg	unter 85 mmHg
hochnormal	130-139 mmHg	85-89 mmHg
Bluthochdruck (arterielle Hypertonie)		
Stufe 1	140-159 mmHg	90-99 mmHg
Stufe 2	160-179 mmHg	100-109 mmHg
Stufe 3	> 180 mmHg	> 110 mmHg

Ausschlaggebend ist bei der Zuordnung der schlechtere der beiden Werte. In diesem Fall ist der systolische Blutdruck „normal" und der diastolische „optimal". Somit ergibt sich für den gemessenen Blutdrucks von 125/78 mmHg eine Einstufung als normaler Blutdruck im Hinblick auf das Risiko an einer Herz-Kreislauf-Erkrankung zu erleiden.

Im Rahmen der Anamnese wurden des Weiteren folgende Daten ermittelt:

Tab. 3: Allgemeiner Gesundheitszustand der Kundin

Orthopädische Einschränkungen	Andeutung eines leichten Rundrückens aufgrund einer Disbalance der Muskulatur im Bereich des Schultergürtels
Internistische Gesundheitsprobleme	Nein
Einnahme von Medikamenten	Nein
Derzeitig in ärztlicher Behandlung	Nein

Auf der Basis der erfassten Daten lässt sich ableiten, dass die Probandin, abgesehen von einer kleinen Disbalance der Muskulatur im Schultergürtelbereich, eine gute Trainierbar- und Belastbarkeit im Hinblick auf das Alter und des allgemeinen Gesundheitszustandes aufweist. Da neben der zweistündigen Trainingseinheit für Garde- und Showtanz bisher kein Krafttraining stattgefunden hat, wird die Probandin nach der ILB-Methode als Beginner eingestuft.

Neben der Erfassung und Einstufung des Blutdrucks wurde der Body-Mass-Index (BMI) der Kundin ermittelt. Die Analyse des BMIs wird in der Forschung, gerade im Kraftsport, kontrovers diskutiert, kann jedoch für einen umfangreichen Einblick in den allgemeinen Gesundheitszustand eines, im Kraftsport, unerfahrenen Kundens durchaus von Nutzen sein, wenn man ihn mit verschiedenen Parametern, wie Blutdruckmessung und Körperfettanalyse kombiniert darstellt. Berechnet wird der BMI Körpergröße/Gewicht^2 und ergibt bei der Kundin einen Wert von 18,8, was nach der Klassifikation der Einordnung der Weltgesundheitsorganisation WHO als normal eingestuft wird. Allerdings befindet sich die Kundin zur Grenze zum Untergewicht und sollte darauf achten nicht noch mehr abzunehmen.

Tab. 4: Interpretation der BMI-Ergebnisse

BMI	BMI (Bezeichnung nach der WHO)	BMI-Klassifizierungsleiste (- 0 + ++)	BMI-Wert
BMI < 18,5	- (Untergewicht)	▪ / ▪▪ / ▪▪▪	7,0 - 10,7 / 10,8 - 14,5 / 14,6 - 18,4
18,5 ≤ BMI < 25	0 (Normal)	▪▪▪▪ / ▪▪▪▪▪ / ▪▪▪▪▪▪	18,5 - 20,5 / 20,6 - 22,7 / 22,8 - 24,9
25 ≤ BMI < 30	+ (Übergewicht)	▪▪▪▪▪▪▪ / ▪▪▪▪▪▪▪▪ / ▪▪▪▪▪▪▪▪▪	25,0 - 26,5 / 26,6 - 28,2 / 28,3 - 29,9
30 ≤ BMI	++ (Adipositas)	▪▪▪▪▪▪▪▪▪▪ / ▪▪▪▪▪▪▪▪▪▪▪ / ▪▪▪▪▪▪▪▪▪▪▪▪	30,0 - 34,9 / 35,0 - 39,9 / 40,0 - 90,0

Die oben genannten Indizes basieren auf den von der Weltgesundheitsorganisation WHO vorgeschlagenen Werten zur Beurteilung der Adipositas.

Zu guter Letzt wurde der Körperfettanteil der Kundin ausgewertet und betrug 21%. Im Durchschnitt ist ein Körperfettanteil bei Frauen zwischen 20-25% und wünschenswert. Nach der Interpretation von HD McCarthy et al veröffentlicht im International Journal of Obesity im Jahr 2006, und nach Gallagher, veröffentlicht im American Journal of Clinical Nutrition im September 2000, liegt die Kundin gerade noch im normalen Bereich. Es sollte darauf geachtet werden, dass sich der Körperfettanteil der Kundin nicht drastisch in die eine oder andere Richtung verändert.

Tab. 5: Interpretation der Ergebnisse für den Körperfettanteil (in %)

Geschlecht	Alter	− (Niedrig)	0 (Normal)	+ (Hoch)	++ (Sehr hoch)
Weiblich	6	< 13,8%	13,8 - 24,9%	25,0 - 27,0%	≥ 27,1%
	7	< 14,4%	14,4 - 27,0%	27,1 - 29,6%	≥ 29,7%
	8	< 15,1%	15,1 - 29,1%	29,2 - 31,9%	≥ 32,0%
	9	< 15,8%	15,8 - 30,8%	30,9 - 33,8%	≥ 33,9%
	10	< 16,1%	16,1 - 32,2%	32,3 - 35,2%	≥ 35,3%
	11	< 16,3%	16,3 - 33,1%	33,2 - 36,0%	≥ 36,1%
	12	< 16,4%	16,4 - 33,5%	33,6 - 36,3%	≥ 36,4%
	13	< 16,4%	16,4 - 33,8%	33,9 - 36,5%	≥ 36,6%
	14	< 16,3%	16,3 - 34,0%	34,1 - 36,7%	≥ 36,8%
	15	< 16,1%	16,1 - 34,2%	34,3 - 36,9%	≥ 37,0%
	16	< 15,8%	15,8 - 34,5%	34,6 - 37,1%	≥ 37,2%
	17	< 15,4%	15,4 - 34,7%	34,8 - 37,3%	≥ 37,4%
	18 - 39	< 21,0%	21,0 - 32,9%	33,0 - 38,9%	≥ 39,0%
	40 - 59	< 23,0%	23,0 - 33,9%	34,0 - 39,9%	≥ 40,0%
	60 - 80	< 24,0%	24,0 - 35,9%	36,0 - 41,9%	≥ 42,0%
Männlich	6	< 11,8%	11,8 - 21,7%	21,8 - 23,7%	≥ 23,8%
	7	< 12,1%	12,1 - 23,2%	23,3 - 25,5%	≥ 25,6%
	8	< 12,4%	12,4 - 24,8%	24,9 - 27,7%	≥ 27,8%
	9	< 12,6%	12,6 - 26,5%	26,6 - 30,0%	≥ 30,1%
	10	< 12,8%	12,8 - 27,9%	28,0 - 31,8%	≥ 31,9%
	11	< 12,6%	12,6 - 28,5%	28,6 - 32,6%	≥ 32,7%
	12	< 12,3%	12,3 - 28,2%	28,3 - 32,4%	≥ 32,5%
	13	< 11,6%	11,6 - 27,5%	27,6 - 31,3%	≥ 31,4%
	14	< 11,1%	11,1 - 26,4%	26,5 - 30,0%	≥ 30,1%
	15	< 10,8%	10,8 - 24,7%	25,5 - 28,7%	≥ 28,8%
	16	< 10,4%	10,4 - 24,7%	24,8 - 27,7%	≥ 27,8%
	17	< 10,1%	10,1 - 24,2%	24,3 - 26,8%	≥ 26,9%
	18 - 39	< 8,0%	8,0 - 19,9%	20,0 - 24,9%	≥ 25,0%
	40 - 59	< 11,0%	11,0 - 21,9%	22,0 - 27,9%	≥ 28,0%
	60 - 80	< 13,0%	13,0 - 24,9%	25,0 - 29,9%	≥ 30,0%

Der Trainingsplan der Kundin wird nach den Vorgaben der Individuellen-Leistungsbild-Methode (kurz: ILB-Methode) erstellt, wofür zu Beginn ein Krafttest zur Bestimmung der submaximalen Trainingsintensitäten erfolgen muss. Hierfür wurde die Methode des Mehrwiederholungskrafttests (X-RM-Test) gewählt, da in der Forschung die Meinung vorherrscht nicht die Maximalkraft, sondern die mit einer bestimmten Wiederholungszahl erreichte Belastbarkeit der Muskulatur als Ausgangswert für die zu bestimmende Belastungsdosierung zu wählen (Marschall & Fröhlich, 1999, S. 311).

Das Ziel eines Mehrwiederholungskrafttests ist die Ermittlung des maximal bewältigbaren Gewichts, für eine vorher angegebene Wiederholungszahl, welches dann im folgenden Mesozyklus auch das zu trainierende Gewicht darstellt (Strack & Eifler, 2005). Es sollte sehr darauf geachtet werden, dass die Wiederholungen immer technisch korrekt ausgeführt werden. Außerdem sollten höchstens drei Sätze benötigt werden, da andernfalls die Erschöpfung der beanspruchten Muskulatur zu groß werden würde und das Ergebnis damit nicht mehr korrekt wäre. Zwischen den zu absolvierenden Sätzen sollte immer eine dreiminütige Pause eingehalten werden, damit sich die Muskeln ausreichend erholen können. Im Anschluss können aus diesen Referenzwerten z.B. die Trainingsintensitäten für die einzelnen Übungen abgeleitet werden.

Da die Kundin sich nach dem ILB-Grobraster in der Orientierungsstufe Beginner befindet, wurde für das erste Trainingsintervall ein Ganzkörper-Kraftausdauertraining überwiegend an geführten Maschinen gewählt, da die Probandin dort koordinativ nicht überfordert werden kann.

Tab. 6: Grabraster zur Trainingsplanung nach der ILB-Methode (vgl. Eifler, 2000; Strack & Eifler, 2005).

Leistungs- stufe	Zeitstufe (Monate)	Orga.- form	Einheiten/ Woche	Übungen/ Muskel	Sätze/ Übung	Intensität in % ILB
Orientierungs- stufe	0-1,5	GK	2	1-2	1-2	gering
Beginner	1,5-6	GK	2	1-2	1-2	50-70
Geübter	6-12	GK	2-3	1-2	2	60-80
Fortgeschrit- tener	> 12	GK/ Split	3-4	1-3	2-3	70-90
Leistungs- trainierender	> 36	GK/ Split	3-6	1-4	2-4	80-100

GK   =Ganzkörpertraining
Split =Split-Training

In diesem Fall betrug die vorher definierte Wiederholungszahl den Wert 20. Nach einem allgemeinen Aufwärmen auf dem Crosstrainer für 15 min wird der erste Testsatz à 20 Wiederholungen am Gerät durchgeführt. Anschließend wird das Übungsgewicht, nach Absprache mit Frau P. nach ihrem subjektiven Belastungsempfinden um 5%, 10% oder 25% gesteigert. Das Ergebnis entspricht dem Gewicht, welches die Kundin nach der 20. Wiederholung gerade noch sauber und konzentrisch ausführen konnte.

Tab. 7: Ergebnisse des Mehrwiederholungskrafttests (20-RM-Test)

	Wiederholung	1.Testsatz	2.Testsatz	3.Testsatz	Ergebnis
Leg Press (horizontal sitzend)	20	50 kg	60kg	nicht mehr notwendig	50kg
Chest Press	20	12,5kg	15kg	nicht mehr notwendig	15kg
Lower Back	20	10kg	12,5	nicht mehr notwendig	10kg
Upper Back, breiter Griff (sitzend)	20	5,5kg	7,5kg	10kg	10kg
Vertical Traction, breiter Griff (sitzend)	20	22,5kg	25kg	27,5kg	27,5kg

Im Anschluss an die geführten Übungen folgen zwei freie Übungen, welche jedoch für die Kundin aufgrund ihrer 17-jährigen Erfahrung im karnevalistischen Tanzsport, der sehr viele Dehnübungen, Stabilisations-, Gleichgewichts- und Koordinationsübungen beinhaltet, kein Problem darstellen, obwohl sie nach ILB-Methode als Beginner eingestuft wird. Die Durchführung bzw. die Interpretierbarkeit der Trainingsbelastung bei den freien Übungen wird allerdings nicht mehr nach dem Mehrwiederholungskrafttest analysiert, sondern durch den Kraftausdauertest nach Spring et. Al (1997).

Dabei wird für eine ausgewählte funktionsgymnastische Übung die maximal mögliche Wiederholungszahl bestimmt.

Tab. 8: Ergebnis des funktionsgymnastischen Ausdauertests (nach Spring et al, 1997; Strack, 2004)

	Crunches (Bauchmuskulatur)	Anzahl WH
	Winkeln Sie in Rückenlage Ihre Beine an und ziehen Sie die Zehen Richtung Körper. Verschränken Sie die Arme vor der Brust, so dass die Hände auf der Schulter liegen. Heben Sie den Oberkörper, bis sich die Schulterblätter vom Boden entfernen. Senken Sie im Zwei-Sekunden-Rhythmus den Oberkörper, ohne den Kopf abzulegen und heben Sie ihn wieder.	40
	Seitstütz (seitliche Rumpfstabilisatoren)	Anzahl WH
	Stützen Sie sich in Seitenlage auf dem Ellbogen (unterhalb Schultergelenk) auf. Ziehen Sie bei gestreckten Beinen die Zehen heran und heben Sie das Becken an, bis Rumpf und Beine eine Linie bilden. Senken Sie das Becken bis knapp über den Boden und heben Sie es wieder im Zwei-Sekunden-Rhythmus. Führen Sie den Test beidseitig durch.	Rechts: 15 Links 12

Aus den Testsätzen der Übungen ergeben sich folgende Resultate. Der X-RM-Test bietet zwar gute Anhaltspunkte für eine effektive Trainingsplanung, allerdings ist die Möglichkeit eines interindividuellen Leistungsvergleiches mit anderen Sportlern und Normwerten, aufgrund sehr vieler Störgrößen bzw. Einflussfaktoren, wie zum Beispiel ausreichend Motivation und der momentane Verfassungszustand, nicht gegeben. Im Gegensatz dazu kann der X-RM-Test jedoch durchaus als Instrument zum intraindividuellen Leistungsvergleich herangezogen werden. Zu beachten ist hierbei, dass die Rahmenbedingungen, der Testablaufs und die Testmethodik immer konsequent und standardisiert durchzuführen sind. Andernfalls wäre das Ergebnis verfälscht und der intraindividuelle Leistungsvergleich nicht mehr möglich.

Für den Ausdauertest von Spring ist die Möglichkeit eines interindividuellen Leistungsvergleiches in Form von Normwerttabellen gegeben, allerdings sollten auch an dieser Stelle verschiedenste Störfaktoren nicht außer Acht gelassen werden. Diese Norm- und Referenzwerte können als Orientierung dienen, sollten aber weitgehend kritisch betrachtet werden.

Tab. 9: Normwerte Kraftausdauertest für Frauen (nach Spring et al., 1997; Strack, 2004).

Testübung	Normwerte Leistungsstufe 20	Normwerte Leistungsstufe 40	Normwerte Leistungsstufe 60
Unterarmstütz	> 45 WH	> 33 WH	> 23 WH
Crunches	> 23 WH	> 16 WH	> 11 WH
Seitstütz	> 15 WH	> 11 WH	> 6 WH
Hüftheben	> 23 WH	> 17 WH	> 11 WH
Kniebeuge	> 45 WH	> 33 WH	> 22 WH
Liegestütz	> 22 WH	> 16 WH	> 11 WH

Genauso wie der X-RM-Test kann auch der Ausdauertest von Spring als Testmethodik für einen intraindividuellen Leistungsvergleich verwendet werden. Voraussetzung ist auch hier eine konsequente und standardisierte Durchführung.

Bezugnehmend zu den Testergebnissen der Probandin lässt sich in der Trainingskonsequenz ableiten, dass die Übungen in der Bewegungsausführung sauber und mit der erforderlichen Autostabilität des Rumpfes in den getesteten Trainingsintensitäten durchgeführt werden konnten.

Allgemein gibt es wenige Methoden, welche den Mehrwiederholungskrafttest zur Bestimmung der Trainingsintensitäten verwenden. Eine der bekanntesten ist die ILB-Methode. Die Empfehlung bei dieser Methode ist, dass die Gewichtsabstufungen innerhalb eines Mesozyklus möglichst fein und wohl dosiert werden sollten. Allerdings stößt das in der Praxis des Öfteren auf Schwierigkeiten, da aufgrund zu grober Gewichtsabstufungen der Geräte keine exakten und einheitlichen Umsetzungen der Lastvorgaben erreicht werden können. Des Weiteren ist es bei der Umsetzung der ILB-Methode oft der Fall, dass die Leistungsstufe „Beginner" mit 50-70% ILB-Testergebnis generell zu sanft belastet wird und es fraglich erscheint, ob überhaupt ein ausreichend hoher und effektiver Trainingsreiz gesetzt werden kann, um strukturelle Anpassungsvorgänge einzuleiten. Gerade bei sehr übereifrigen und motivierten Trainingsbeginnern im Kraftsportbereich könnte sich diese niedrige Trainingsintensität als demotivierend auswirken, da sie sich unterfordert fühlen.

Trotzdem wird diese Methode im Fitness- und Gesundheitssport sehr gerne für Trainingseinsteiger verwendet, da sie gut umsetzbar ist und aufgrund der geringen Intensitätssteigerung pro Woche die Gefahr einer Überbelastung dezimiert wird.

Bei der Übungsausführung der Kundin kann festgehalten werden, dass die funktionelle Beanspruchung der Oberschenkelmuskulatur gewährleistet, dass die Kundin ihr eigenes Körpergewicht stemmen kann.

Auffallend war des Weiteren, dass Frau P. mehr Ausdauerkraft in der Bauch- als in der Rückenmuskulatur aufweist. Auch das Verhältnis der Brust- zur Rückenmuskulatur weist einige Disbalancen auf, die anhand eines Rundrückens schon allein an der Körperhaltung ersichtlich ist. Dieses Ungleichgewicht in der Muskulatur soll durch eine spezielle Stärkung der autochthonen Rückenmuskulatur minimiert werden.

2. Zielsetzung/Prognose

Bereits im Eingangsgespräch schilderte Frau P. ihre Ziele, Wünsche und Vorstellungen, die sie sich durch das regelmäßige Krafttraining im Fitnessstudio für die Zukunft erhofft. Aufgrund der in der Diagnose gewonnenen Daten und Informationen wurden die einzelnen Ziele abgeglichen. Bei der Ausarbeitung der verschiedenen Zielsetzungen ist es primär wichtig, sie deren Priorität nach zu gliedern, der Reihe nach darzustellen und die Umsetzungsdauer möglichst genau festzulegen. Die Ziele sollen zum einen motivieren, müssen aber auch realistisch sein, denn eines der wichtigsten Kriterien für eine langfristige Kundenbindung ist das Erreichen eines Trainingsziels.

Das erste Trainingsziel von Frau P. ist der Aufbau von Muskelmasse, um ihre recht schmal und zierlich wirkende Silhouette optisch zu verbessern. Realistisch ist hier, bei normaler Genetik, ein Muskelzuwachs von 5-8 kg im ersten Trainingsjahr. Das bedeutet, dass ungefähr 0,5 kg Muskelmasse in einem Monat aufgebaut werden soll. Langfristig muss bei einem Aufbau von Muskelmasse aber auch das Körpergewicht steigen, weshalb ein Hauptziel auf alle Fälle die Gewichtszunahme bedeutet. Zusätzlich wird in diesem Zusammenhang der Körperfettanteil beobachtet, der im gleichen Zeitraum nicht zunehmen sollte. Denn durch eine Überwachung des Körperfettanteils kann heraus gefunden werden, ob die Kundin hauptsächlich auch nur Fett abbaut.

Das zweite Ziel der Kundin ist eine Trainingsmaßnahme zur Prävention gegen ihren Verspannungsschmerz im Schultergürtelbereich. Diese Disbalance zwischen Brust- und Rückenmuskultur ist beim Krafttest bestätigt worden. Da die

Kundin aber keine dauerhaften Beschwerden hat, ist es möglich mit ihr in diesem Bereich Krafttraining durchzuführen. Dabei sollte der Schwerpunkt eine Dehnung im Thorsalbereich und eine Stärkung der autochthonen Rückenmuskulatur mit einem moderaten Gewicht sein. Solange die Kundin jedoch über Schmerzen klagt, sollte parallel das Gewicht reduziert und die Wiederholungszahl der einzelnen Sätze angehoben werden. In diesem Fall wird die Durchblutung im Muskel angeregt, durchwärmt und in einen entspannten Zustand versetzt.

Als drittes Ziel wünscht sich die Kundin eine Kraftsteigerung, damit ihr alltägliche Bewegungsabläufe in Zukunft leichter fallen. Da die Kundin nach der ILB-Methode als Beginner eingestuft wurde, ist mit einer Kraftsteigerung von durchschnittlich 20% zu rechnen.

3. Trainingsplanung Makrozyklus

Tab. 10 Makrozyklusplanung für Beginner nach der ILB-Methode

Makrozyklus				
	Mesozyklus 1	**Mesozyklus 2**	**Mesozyklus 3**	**Mesozyklus 4**
Zyklusdauer	8 Wochen	6 Wochen	6 Wochen	6 Wochen
Trainings-Methodik	Kraftausdauer	Übergangs-Training	Hypertrophie (extensiv)	Hyperthrophie (intensiv)
Organisations-form	GK/Station	GK/Station	GK/Station	GK/Station
Häufig-keit/Woche	2	2	3	3
Übungen /Muskel	1-2	1-2	1-2	1-2
Sätze/Übung	2	2	3	3
Intensität	50-70%	50-70%	50-70%	50-70%
Wiederholung	20	15	12	9
Satzpausen	30 Sek.	60 Sek.	60 Sek.	60 Sek.

Bewegungs-tempo	2-0-2	2-0-2	2-0-2	3-0-1

Die ILB-Methode wurde für diese Trainingsplanung ausgewählt, da in dieser Trainingsmethode eine Klassifikation der Kundin in ihr Trainingsalter erfolgt und somit die Überlastungsgefahr minimiert wird. Zu Beginn steht eine Orientierungsphase an, in welcher sie nach dem subjektiven Belastungsempfinden mit einer niedrigen Intensität trainiert, damit sich die Skelettmuskulatur, wie auch Bänder, Sehnen und Knorpel, an die Trainingsbelastung gewöhnen. Im Anschluss folgt ein ILB-Test, mit dessen Ergebnissen für jede ausgewählte Übung die spezifische Trainingsintensität berechnet werden kann.

Ein positiver Effekt der ILB-Methode ist eine Verhinderung der Trainingsmonotonie, da alle ein bis zwei Wochen eine Steigerung der Intensität vorgesehen ist und somit die Trainingsziele regelmäßig verändert werden (Wahle, 2009, S.20). Bei der ILB-Methode wird über eine Zeitspanne von mehreren Wochen immer mit einer gleichbleibenden Wiederholungszahl trainiert, während die Intensität wöchentlich steigt. Solch ein Training ist in Bezug auf die Leistungsfähigkeit von Sportlern wesentlich effektiver als ein Training mit wechselnder Wiederholungszahl bei konstanzem Gewicht (Froehlich, et. al. 2002, S.79). Der erstellte Makrozyklus für Frau P. besteht aus vier Mesozyklen, die sich zusammenstellen aus einem achtwöchigen Kraftausdauertraining, sechswöchigen Übergangstraining, sechswöchigen Hyperthrophietraining (extensiv), und sechswöchigen Hyperthrophietraining (intensiv). Die Mesozyklen werden für einen Zeitraum von sechs bis acht Wochen geplant, da nach dem „Prinzip der Dauerhaftigkeit und Kontinuität" die Notwendigkeit besteht Belastungen mehrfach und über eine längere Zeitspanne zu wiederholen, um überhaupt Anpassungserscheinungen einzuleiten. Das Kraftausdauertraining zu Beginn der Trainingsplanung ist besonders wichtig, um den anaerob-laktaziden Muskelstoffwechsel zu verbessern. In einem Übergangstraining wird die Kundin danach an die höheren Intensitäten gewöhnt, bevor es an das Muskelaufbautraining geht. Die ersten beiden Trainingszyklen sind in diesem Sinne als umfangsorientiertes Krafttraining mit dem Ziel der Verbesserung der Kraftausdauerleistung und der Gewöhnung an höhere Intensitäten zu verstehen. Danach schließen sich zwei intensitätsorientierte Mesozyklen an, die vor allem auf den Muskelaufbau hinzielen. Ein Hyperthrophietraining sorgt nämlich neben einer verbesserten Energiebereitstellung auch für einen Anstieg der Muskelfaserdicke. In den ersten beiden Mesozyklen trainiert die Kundin mit zwei Einheiten in der Woche und ab dem dritten Mesozyklus erfolgt eine Steigerung der Trainingshäufigkeit auf drei Einheiten die Woche. Empfohlen hat Baechle (2000) zwei bis drei Trainingseinheiten die Woche welche in der Trainingsplanung von Frau P. eingehalten werden. Begonnen wird hierbei mit der geringeren Häufigkeit, damit sich der Körper, ganz nach dem „Prinzip der ansteigenden Belastung", daran gewöhnen kann.

Des Weiteren ist der Trainingsplan so aufgebaut, dass die Kundin, nach dem „Prinzip der optimalen Relation zwischen Belastung und Erholung", zwischen den einzelnen Trainingseinheiten immer mindestens einen Tag Pause hat, damit sich der Körper regenerieren kann. Denn nach einer Belastung kommt es zu einer vorübergehenden Abnahme der sportlichen Leistungsfähigkeit und alle biologisch-physiologischen sowie psychologischen Anpassungseffekte des Körpers benötigen Erholungsphasen, in denen Um- und Aufbauvorgänge stattfinden, um nachfolgend ein höheres Leistungsniveau erreichen zu können. Diese Erhöhung der Leistungsfähigkeit über das Ausgangsniveau heraus wird auch als Superkompensation bezeichnet. Wird in dieser Zeitspanne ein neuer Trainingsreiz gesetzt kann theoretisch eine kontinuierliche Verbesserung der Leistungsfähigkeit erzielt werden. Gerade bei Trainingsbeginnern ist die Erholungsphase deutlich länger als bei leistungsorientierten Sportlern. Werden kontinuierlich zu schnell neue Trainingsreize gesetzt, d.h. zu kurze Regenerationsphasen angeordnet, kann es zu einer Leistungsminderung führen. Von besonderer Bedeutung beim Krafttraining ist außerdem die richtige Auswahl der verschiedenen Belastungsparameter. Dadurch kann eine optimale und zielgerichtete Trainingsbeanspruchung erzielt werden (Willmiczek et al., 1991). Die relevanten Parameter im Krafttraining sind die Häufigkeit, Intensität, Dauer, Dichte und der Umfang der Belastung. In der Trainingsplanung von Frau P. werden der Belastungsumfang und die Belastungsintensität systematisch gesteigert. Die Belastungsintensität beschreibt im Krafttraining die Leistung in % bezüglich der Gewichtslast in Kilogramm, die für eine vorher definierte Wiederholungszahl absolviert werden kann (Martin et al, 1993, S. 92). Bei Frau P. wird die Intensität von Woche zu Woche während eines Mesozyklus gesteigert. Dabei trainiert die Kundin nach einem eher sanften und submaximalen Krafttraining, da es bei einem Training ohne muskuläre Ausbelastung zu deutlich weniger kardiovaskulären Belastungen, wie zum Beispiel der Anstieg des diastolischen Blutdrucks, der Herzfrequenz und der Laktatkonzentration kommt, und trotzdem zu signifikanten Kraftsteigerungen kam. Der Umfang gibt Auskunft über die insgesamt bewegte Gewichtslast pro Übung und wird zusammengesetzt aus dem Produkt der Belastungsintensität und der Wiederholungszahl.

Da im Trainingsplan von Frau P. die Wiederholungszahl von Mesozyklus zu Mesozyklus reduziert wird, muss im Gegenzug die Gewichtslast, die über einen erneuten ILB-Test bestimmt wird, und die Zahl der Sätze gesteigert werden. So beginnt die Kundin in den ersten beiden Mesozyklen mit zwei Sätzen pro Übung und steigert die Satzzahl danach auf drei Sätze pro Übung.

Da die Kundin nach der ILB-Methode als Beginner eingestuft wurde ist ein Ganzkörpertraining, bei dem alle Hauptmuskeln innerhalb einer Trainingseinheit berücksichtigt werden, ratsamer (vgl. Froehlich & Schmidtbleicher 2008). Grund hierfür ist, dass im Hinblick auf den Trainingsstatus eine höhere Anzahl an Trainingseinheiten, wie z.b. beim Split-Training, nicht notwendig erscheint und für Anfänger ungeeignet angesehen werden. Des Weiteren sollte zu Beginn des Krafttrainings eine Stärkung der ganzen Muskulatur stattfinden, um in späteren Trainingsplänen detailliert einzelne Muskelgruppen des Körpers mit mehr Konzentration und größerem Trainingsvolumen herausbilden zu können.

Während des kompletten Makrozyklus wird ein Stationstraining durchgeführt, indem die, auf dem Trainingsplan vorgegebenen Satz- und Wiederholungszahlen, an den einzelnen Stationen nacheinander ausgeführt werden. Ein Wechsel des Gerätes erfolgt erst dann, wenn die vorgegebene Satzanzahl bewältigt wurde. Im Gegensatz dazu wird beim Kreistraining eine bestimmte Anzahl von Übungen für unterschiedliche Muskelgruppen festgelegt und an jeder Station nur ein Trainingssatz mit der entsprechenden Wiederholungszahl durchgeführt. Je nach Zielsetzung kann das Kreistraining ein- oder auch mehrfach absolviert werden. Ein Kreistraining ist an dieser Stelle nicht möglich, da die Fitnesslounge Erlangen nicht über die nötigen Voraussetzungen verfügt. Einer Trainingsmonotonie wird entgegengewirkt durch Variationen der Übungsauswahl und eine Änderung der Belastungsgestaltung und Übungsreihenfolge im Laufe des Makrozyklus, ganz nach dem „Prinzip der variierenden Belastung".

Um die Verletzungsgefahr der Kundin so gering wie möglich zu halten wurde in den ersten drei Zyklen das Bewegungstempo („time under tention") 2-0-2 gewählt. In diesem Fall ist die exzentrische, als auch die konzentrische Phase in der Bewegungsausführung zwei Sekunden lang. Die Verweildauer am Umkehrpunkt beträgt null Sekunden. Erst im letzten Zyklus wird das Bewegungstempo von 2-0-2 auf 3-0-1 erhöht.

Der Grund dafür ist, dass sich sowohl die Sehen als auch die Bänder an die Belastung gewöhnt haben und das Risiko der Verletzungsgefahr reduziert wurde. Des Weiteren haben verschiedene Studien herausgefunden, dass durch eine schnellere Bewegung, die Hypertrophieeffekte deutlich gesteigert werden können.

4. Trainingsplanung Mesozyklus

Tab. 11: Mesozyklusplanung der zweiten Periode nach der ILB-Methode

Mesozyklus 2: Übergangstraining	
Leistungsstufe	Beginner
Zyklusdauer	6 Wochen
Trainingsziele	• Präventivmaßnahme gegen Verspannungsschmerz im Schultergürtelbereich • Vorbereitung zum Hypertrophietraining
Trainingseinheit/Woche: 2 Einheiten	
Übung/Muskelgruppe: 1-2	
Organisationsform: Ganzkörper-, Stationstraining	
Satzzahl: 2	

Satzpause:	60 Sekunden
Bewegungstempo:	2-0-2

1.Aufwärmen	Allgemein • 15 Minuten Crosstrainer		Spezielles				

2.Übungen: Station (Gewicht in kg)	WH	ILB-Test	Woche					
			1	2	3	4	5	6
			50%	55%	55%	60%	65%	70%
Leg Press (horizontal sitzend)	20	50	25	27,5	27,5	30	32,5	35
Chest Press (sitzend)	20	15	7,5	8,2 • 8	8,2 • 8	9	9,7 • 10	10,5
Lower Back (sitzend)	20	10	5	5,5	5,5	6	6,5	7
Upper Back, breiter Griff (sitzend)	20	10	5	5,5	5,5	6	6,5	7
Latzug, breiter Griff (sitzend)	20	27,5	13,7 • 14	15,1 • 15	15,1 • 15	16,5	17,8 •18	19,2 • 19
	WH							
Seitstütz	R: 15 L: 12							
Crunches	40							

Die vorliegende Tabelle stellt den Trainingsplan für den zweiten Mesozyklus der Kundin dar. Dazu wurden die in der Makrozyklusplanung gewählten Belastungsparameter übernommen und mit verschiedenen Übungen, die speziell für die Kundin ausgewählt wurden, kombiniert.

Da aufgrund der genauen Berechnung des prozentualen Anteils des Maximalgewichts häufig nicht umsetzbare Werte entstehen, muss an dieser Stelle sinnvoll gerundet werden. Der Grund dafür ist, dass selbst bei modernsten Fitnessgeräten solch eine feine Abstufung nicht möglich ist. In der Fitnesslounge Erlangen ist es möglich relativ feine Gewichtsabstufungen in Höhe von 500 g einstellen zu können. Die gerundeten Werte sind in der Tabelle gelb hervorgehoben.

Bevor mit dem eigentlichen Krafttraining begonnen werden kann, sollte eine optimale psychische und physische Verfassung hergestellt werden. Unterschieden wird an dieser Stelle zwischen einem allgemeinen und einem speziellen Aufwärmen. Für das allgemeine Aufwärmen stehen verschiedene Geräte, wie zum Beispiel Fahrrad, Stepper, Crosstrainer und Laufband zur Verfügung. Speziell für die Kundin empfiehlt sich das Aufwärmen auf dem Crosstrainer, da dies eine gelungene Abwechslung zu ihrer meist sitzenden Tätigkeit als Studentin darstellt. Dabei wird die Körperkerntemperatur der Probandin erhöht und die Herz-Kreislauf-Funktion verbessert. Durch die Zunahme der Herzfrequenz werden die Muskeln besser mit Sauerstoff und Nährstoffen versorgt, wodurch unter anderem die Kontraktion der Muskeln verbessert wird. Des Weiteren wird die Synovialflüssigkeit produziert, was dazu führt, dass die Reibung der Knorpel minimiert wird und das folgende Gerätetraining gelenkschonender ist. Daraufhin folgt nun das spezielle Aufwärmen, bei dem hauptsächlich die Muskeln erwärmt werden, die im Anschluss die festgelegten Übungen ausführen. Dabei wird von der letzten Woche des oben erläuterten Mesozyklus ausgegangen und drei Sätze mit unterschiedlich vielen Wiederholungen und vermindertem Gewicht ausgeführt. Die Intensität wird dabei prozentual berechnet: der erste Satz umfasst acht Wiederholungen mit 50%, der zweite Satz vier Wiederholungen mit 70% und der letzte Satz zwei Wiederholungen mit 80% des eigentlichen Gewichts.

Da so gut wie keine gesundheitlichen Einschränkungen vorliegen ist eine Vielfalt an Übungen gegeben. Allerdings sollte zwecks der Andeutung eines leichten Rundrückens aufgrund einer Disbalance der Muskulatur im Bereich des Schultergürtels, darauf geachtet werden, dass bei akuten Beschwerden kein Krafttraining mit hohen Gewichten durchgeführt werden darf.

Durch die Disbalance zwischen Brust- und Rückenmuskulatur verkürzt sich nämlich die Bauchmuskulatur durch die nach hinten geneigte Brustkorbachse und es findet sich in den meisten Fällen eine reflektorische Verkürzung im Bereich der Brustmuskulatur, die bestrebt ist, durch ihre verminderte Beweglichkeit, die Schultern nach vorn zu ziehen. Da vor allem die Muskeln im Schultergürtelbereich, besonders der mittlere Trapezius und die Rhomboideen, und im Bereich des Rückenstreckers eine Insuffizienz aufweisen, konzentriert sich die Übungsauswahl auf den Thorsal- und Rückenbereich.

Das Hauptaugenmerk sollte hier im zweiten Mesozyklus auf der Muskulatur im Schultergürtelbereich liegen und Außenrotatoren, Retraktoren, Stabilisatoren und verschiedene Funktionen und Bewegungen müssen hier abgedeckt werden. Hierbei ist es vor allem wichtig, die Muskelschwachen Rückenbereiche und den Rumpf auf das weiterführende Hypertrophietraining vorzubereiten.

Da die Kundin nach der ILB-Methode als Beginner eingestuft wurde, sollten die einzelnen Übungen koordinativ nicht zu anspruchsvoll sein und überwiegend an geführten Maschinen absolviert werden. Der Vorteil an geführten Maschinen ist, vor allem im Hinblick auf Krafttrainingsanfänger, dass die Übungsausführungen aufgrund der geführten Bewegungen und der geringen Übungsvarianz relativ schnell zu erlernen sind. Des Weiteren ist dadurch die Wahrscheinlichkeit des Auftretens von Ausführungsfehlern und Fehlerbildern deutlich geringer. In der weiteren Trainingsplanung sollten jedoch nach einer gewissen Eingewöhnungsphase komplexere Übungen mit freien Gewichten integriert werden. Durch die mehrdimensionalen Bewegungsmuster und den Einsatz von mehr synergistisch wirkenden Muskelgruppen bei vergleichbaren Übungen wird dann bei der Kundin verstärkt die intermuskuläre Koordination gefördert.

Des Weiteren sollten bei der Reihenfolge und Auswahl der verschiedenen Übungen einige Punkte beachtet werden. So kann sie sich nach dem Komplexitätsgrad, dem koordinativen Anspruch, dem Anteil an eingesetzter Muskelmasse oder nach Prioritäten richten. Allgemein gilt als Empfehlung: mehrgelenkige- vor eingelenkige Übungen, Übungen mit hohem- vor Übungen mit geringerem Muskelmasseanteil, koordinativ anspruchsvolle- vor koordinativ weniger anspruchsvollen Übungen und Übungen für Muskelgruppen mit hoher- vor Übungen mit niedriger Priorität.

Die erste Übung im zweiten Mesozyklus ist die Beinpresse horizontal sitzend, da dort eine komplexe mehrgelenkige Bewegung ausgeführt wird. Dabei werden, neben weiteren Muskeln, hauptsächlich der große Gesäßmuskel, welcher der größte Muskel des Menschen ist, der vierköpfige Oberschenkelstrecker und der zweiköpfige Oberschenkelbeuger trainiert. Die Belastung auf die Wirbelsäule und das Iliosakralgelenk wird reduziert und ist aus diesem Grund eine gute Übung für die Kundin zur Stärkung der Beinmuskulatur ohne Beeinträchtigung der Problembereiche im Rücken.

Danach folgt das Training an der Brustpresse mit einem breiten Griff. Dabei trainiert werden der großer Brustmuskel, der vordere Deltamuskel, der dreiköpfige Armstrecker und der obere Anteil des Trapezmuskels. Da in diesem Trainingszyklus der Schwerpunkt auf der Stärkung der autochthonen Rückenmuskultur liegt, darf natürlich der Antagonist zum oberen Rücken nicht vernachlässigt werden. Des Weiteren ist diese Übung eine Verbindung von mehreren Muskelketten und in der weiteren Trainingsplanung des zweiten Mesozyklus kann auf eine extra Übung zur Stärkung der Armmuskulatur verzichtet werden.

Nach dem Brusttraining folgt eine Übung für eine weitere große Muskelgruppe im Körper, die autochthone Rückenmuskulatur. Beim Lower Back werden die unteren Rückenmuskeln, ohne die Hüftstrecker zu belasten, trainiert. Speziell beansprucht werden dabei der viereckige Lendenmuskel und die sakrospinale Muskelgruppe. Dabei ist die Rückenlehne auf eine Stabilisierung des Beckens und ein isoliertes Training der unteren Rückenmuskulatur ausgelegt. Diese Übung wurde in den Trainingsplan mit aufgenommen, da der untere Rücken ein Defizit im Gegensatz zur Bauchmuskulatur aufweist.

Ganz nach der Empfehlung, dass immer eine Muskelgruppe vollständig trainiert werden und erst dann ein Wechsel zur nächsten Muskelgruppe erfolgen soll, bleiben wir bei der Übungsreihenfolge in der Rückenpartie. Der Upper Back ist ein spezielles Produkt für das Krafttraining der Oberkörpermuskulatur und der oberen Rückenpartie und deckt folgende Muskeln an: Romboideen, den vorderen Anteil des Deltamuskels, den zweiköpfigen Biszepsmuskel, den breiten Rückenmuskel und den Trapezmuskel. Diese Übung ist besonders gut für eine Verbesserung von Gleichgewichtsproblemen der Arm- und Oberkörpermuskulatur und zur Stabilisierung des Schultergelenks, welche die Kundin aufgrund ihrer Disbalance in Schultergürtel dringend benötigt.

Auch die nächste Übung trainiert noch die Rücken- und Armmuskulatur. Am Vertical Traction werden durch die natürlich elliptische Bewegungsbahn alle Muskeln trainiert, die an einer seitlichen, nach unten gerichteten Zugbewegung beteiligt sind, wie zum Beispiel der zweiköpfige Bizepsmuskel und der große Rückenmuskel. Des Weiteren wird an dieser Übung die Koordination verbessert, da die beiden Gerätearme unabhängig voneinander beweglich sind.

Darauf folgen zwei funktionsgymnastische Übungen, die neben der Stärkung der Muskulatur auch zu einer Verbesserung der Koordination und Beweglichkeit der Kundin führen sollen.

Wie oben bereits beschrieben ist bei Frau P. der Einsatz von funktionsgymnastischen Übungen sinnvoll, da sie bereits viele Erfahrungen in diesem Bereich hat.

Eine sehr effektive statische Übung für die schräge Bauchmuskulatur ohne Gerät ist der Seitstütz. Dieser kräftigt und formt des Weiteren Gesäß und Beine und reduziert bzw. verhindert Rückenbeschwerden effektiv, weil die Stabilität der Wirbelsäule insgesamt verbessert wird. Auch für das spätere Hyperthrophietraining ist ein stabiler Rumpf und die Fähigkeit sämtliche Muskeln rund um die Lendenwirbelsäule anspannen zu können, von großer Bedeutung. Denn dies schützt und stabilisiert nicht nur die Wirbelsäule, sondern sorgt auf für eine bessere Kraftübertragung von den Beinen in den Oberkörper und umgekehrt.

Zu guter Letzt folgt eine funktionsgymnastische Übung in Form von Crunches für den Bauch. Dabei trainiert werden besonders der gerade Bauchmuskel und der pyramidenförmige Muskel, während die seitlichen Bauchmuskeln unterstützend wirken. Es ist natürlich wichtig bei solch vielen Übungen, die speziell für die Oberkörperpartie ausgewählt wurden, den Antagonisten nicht zu vernachlässigen.

Somit beinhaltet der zweite Mesozyklus alle Übungen zur Prävention gegen Verspannungsschmerzen im Schultergürtelbereich, genauer gesagt zur Verbesserung der Muskulatur des Rückens und zur Stabilität der Wirbelsäule.

5. Literaturrecherche

Im Folgenden werden zwei Studien zur Effektivität des Krafttrainings bei Diabetes mellitus Typ 2 aufgeführt und erläutert.

Tab.12: Studie 1 zum Thema Effekte des Krafttrainings bei Diabetes mellitus Typ 2

Studie	Strasser, B., Haber, P., Strehblow, C., Cauza, E. (2008). *Der Effekt von Krafttraining auf den arteriellen Blutdruck bei PatientInnen mit Diabetes mellitus 2.* Wiener Medizinische Wochenschrift. Volume 158. Kapitel 13-14, S. 379-384.
Publikationsjahr	Juli 2008
Versuchsgruppe	Nach Überprüfung der folgenden Einschlusskriterien wurden 10 Teilnehmer mit Diabetes mellitus Typ 2 ermittelt und getestet • mittleres Alter 59,7 +/- 7,3 Jahre
Versuchsaufbau	Die 10 PatientInnen nahmen an einem vier Monate dauernden Krafttrainingsprogramm teil. Festgelegt wurde eine Trainingshäufigkeit von drei nicht aufeinander folgenden Tagen pro Woche und inkludierte Übungen für alle großen Muskelgruppen. Die Anzahl der Sätze pro Muskelgruppe pro Woche (S/MG/W) wurde systematisch erhöht. Am Anfang trainierten die Probanden mit drei S/MG/W, später mit vier, fünf und am Ende mit sechs S/MG/W. Das 24-Stunden Blutdruckprofil, der Glukosestoffwechsel (HbA1C), die maximale Sauerstoffaufnahme, die Wattleistung und die Einwiederholungsmaximum (1-RM) für die Übungen Bankdrücken, Bankziehen und Beinpresse wurden einmal vor und einmal nach der Trainingsphase aufgenommen.
Relevante Ergebnisse	Das Krafttraining über einen Zeitraum von vier Monaten resultierte in einer signifikanten Reduktion des mittleren arteriellen Blutdrucks (- 3,4 % mmHg). Des Weiteren zeigten der 1-RM für alle Muskelgruppen, der prozentuale Körperfettanteil und die körperfettfreie Mager-

	masse eine deutliche Verbesserung.
	Außerdem konnte der HbA1C um 14,5 % gesenkt werden.
Schlussfolgerung	Die Studie zeigt, dass Krafttraining nicht nur die Muskelkraft verbessert, sondern auch den Blutdruck und möglicherweise das Risiko für spätere kardiovaskuläre Erkrankungen reduzieren kann.

Tab. 13: Studie 2 zum Thema Effekte des Krafttrainings bei Diabetes mellitus Typ 2

Studie	Cauza, E., Strehblow, C., Metz-Schimmerl, S., Strasser, B., Hanusch-Enserer, U., Kostner, K., Dunstan, D., Fasching, P., Haber, P. (2009), *Auswirkungen von progressivem Krafttraining auf die Muskelmasse bei Patienten mit Typ-2-Diabetes mellitus: Messung mit der Computertomographie.* Volume 159, Kapitel 5-6, S. 141-147.
Publikationsjahr	März 2009
Versuchsgruppe	Nach Überprüfung der folgenden Einschlusskriterien wurden 20 Teilnehmer mit Diabetes mellitus Typ 2 ermittelt und getestet • mittleres Alter 56,4 +/- 0,9 Jahre
Versuchsaufbau	Die 20 Patienten nahmen an einem vier Monate dauernden Krafttrainingsprogramm teil. Festgelegt wurde eine Trainingshäufigkeit von drei Tagen die Woche. Muskel und Fettmasse wurden mittels eines Computertomographen vor und unmittelbar nach der Trainingseinheit aufgenommen. Des Weiteren wurde der Glukosestoffwechsel (HbA1C) und die anthropometrischen Daten, wie zum Beispiel der BMI und die Hautfalte, zum Zeitpunkt null und nach vier Monaten erfasst.
Relevante Ergebnisse	Das Krafttraining über eine Zeitspanne von vier Monaten verbesserte die Muskelkraft signifikant in allen gemessenen Muskeln. So vergrößerte sich der M. quadriceps um 2,4 %,

	in der rechten und um 3,9 % in der linken unteren Extremität.

Des Weiteren verringerte sich das Fettgewebe um 15,3 % im rechten und um 35,8 % im linken Bein.

Insgesamt fand sich eine Fettquerschnittsreduktion von 24,8 %.

Außerdem wurde die Fettmasse deutlich reduziert, während die Muskelmasse signifikant zunahm.

Es konnten keine Korrelationen zwischen Muskelquerschnittsvermehrung und Glukosestoffwechsel oder Muskelkraft festgestellt werden. |
| **Schlussfolgerung** | Die Studie zeigt, dass Krafttraining sowohl die Muskelmasse, als auch das Verhältnis Muskel zu Fett bei Patienten mit Diabetes mellitus Typ 2 erheblich verbessert.

Allerdings korrelieren die Veränderungen der Muskelmasse nach dem Training nicht mit den Veränderungen des Glukosestoffwechsels |

Literaturverzeichnis

- Beachle, T.R., Earle, R. W. & Wathan, D. (2000). Resistance training. In T.R., Baechle, R.W. Earle (eds.), *Essentials of strength training and conditioning* (S. 395-425). Champaign, IL: Human Kinetics.

- Cauza, E., Strehblow, C., Metz-Schimmerl, S., Strasser, B., Hanusch-Enserer, U., Kostner, K., Dunstan, D., Fasching, P. & Paul Haber. (2009), Auswirkung von progressivem Krafttraining auf die Muskelmasse bei Patienten mit Typ-2-Diabetes mellitus: Messung mit der Computertomographie, *Wiener Medizinische Wochenschrift* Volume 159, Issue 5-6, S. 141-147

- Eifler, C. (2000). *Krafttraining nach der "Individuellen-Leistungsbild-Methode" (ILB-Methode) – eine empirische Überprüfung der Trainingseffekte bei Anfängern und Fortgeschrittenen.* Diplomarbeit. Saarbrücken: Universität des Saarlandes, Sportwissenschaftliches Institut

- Fröhlich, M, Schmidtbleicher, D. & Emrich, E. (2002b). Belastungssteuerung im Muskelaufbautraining – Belastungsnormativ Intensität versus Wiederholungszahl. *Deutsche Zeitschrift für Sportmedizin*, 53 (3), 79-83.

- Fröhlich, M. & Schmidtbleicher, D. (2008). Trainingshäufigkeit im Krafttraining – ein metaanalytischer Zugang. *Deutsche Zeitschrift für Spotmedizin*, 59 (2) 4-12.

- Marschall, F. & Fröhlich, M. (1999). Überprüfung des Zusammenhangs von Maximalkraft und maximaler Wiederholungszahl bei deduzierten submaximalen Intensitäten. *Deutsche Zeitschrift für Sportmedizin*, 50 (10), 311-314.

- Martin, D., Carl, K. & Lehnertz, K. (1993). *Handbuch Trainingslehre* (2. Aufl.) Schorndorf: Hofmann.

- Strack, A. & Eifler, C. (2005). The individual lifting performance method (ILP) – a practical method for fitness- and recreational strength training. In J. Giessing, M. Fröhlich & P. Preuss (eds.), *Current results of strength training research* (pp. 153-163). Göttingen: Cuvillier.

- Strasser, B, Haber, P., Strehblow, C. & Edmund Cauza, (2008), Der Effekt von Krafttraining auf den arteriellen Blutdruck bei PatientInnen mit Diabetes mellitus 2, Volume 158, Issue 13-14, S. 379-384.

- Wahle, S. (2009), *Optimiertes Krafttraining mit der ILB-Methode.* Norderstedt: Books on Demand GmbH.

- Willimczik, K., Daugs, R. & Olivier, N. (1991). Belastung und Beanspruchung als Einflussgrößen der Sportmotorik. In N. Olivier & R. Daugs (Hrsg.), *Sportliche Bewegung und Motorik unter Belastung* (S. 6-28). Clausthal-Zellerfeld: DVS.

Tabellenverzeichnis